À Jean, Eyal, Enzo et Ulysse,
quatre copains toujours partants pour de nouvelles aventures...

A.M & R.M

L'ALBUM DE COMPÈTE

Richard Marnier
Aude Maurel

FRIMOUSSE

D’habitude, dans un album de compète,
il y a un héros ou une héroïne extraordinaire,
un personnage courageux, beau et rusé,
souple comme une anguille, plus fort qu’un grizzli
et souvent très intelligent…

Dans cet album-ci, il y a simplement quatre copains.

D'habitude, dans un album de compète,
le héros a plein d'accessoires épatants :
une épée légendaire, l'arc le plus puissant de l'univers,
une lampe magique ou un anneau qui rend invisible...

007

Dans cet album-ci, on se débrouille avec quelques
vieux trombones, un élastique distendu,
deux bouts de ficelle et trois marrons vermoulus.

D’habitude, dans un album de compète,
le héros a une monture ébouriffante :
un balai magique, un tapis volant,
un carrosse couvert d’or, un superbe cheval
ou un vaisseau spatial…

Dans cet album-ci, on se déplace en baskets.

D’habitude, dans un album de compète,
les paysages sont grandioses,
le soleil se lève sur d’imposants châteaux forts,
le vent souffle sur des flots déchaînés
et d’immenses forêts s’étendent jusqu’à l’horizon...

Dans cet album-ci, tout se passe dans un petit coin de verdure.

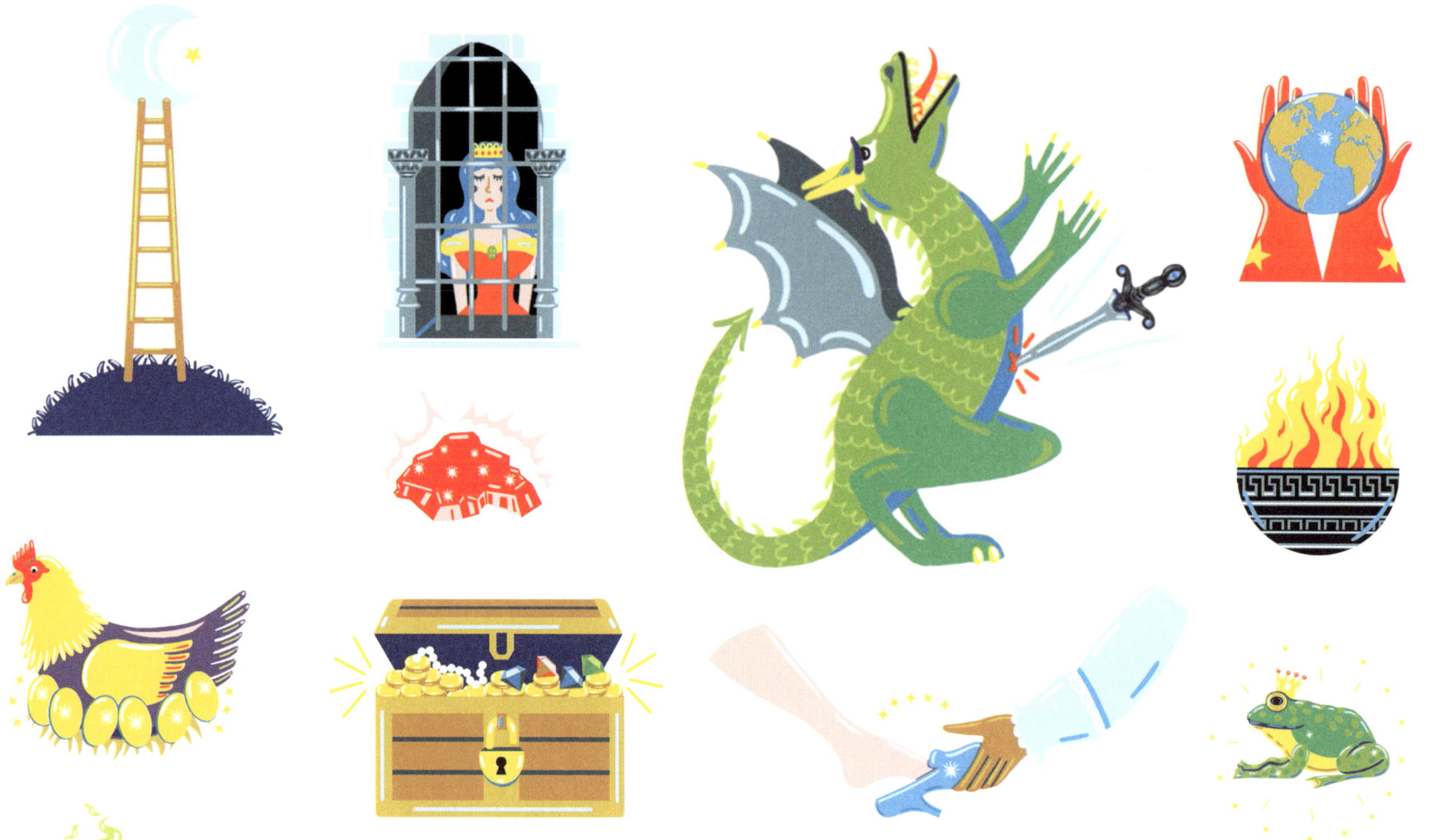

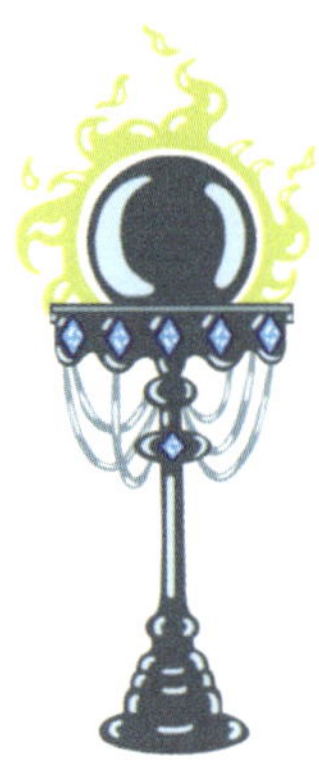

D’habitude, dans un album de compète,
il y a une quête sublime,
des pouvoirs magiques à apprivoiser,
un trésor à saisir, un prince ou une princesse à délivrer...
le monde à sauver !

Dans cet album-ci, on ne sait pas encore ce qu'il va se passer...

D’habitude, dans un album de compète,
il y a de nombreux obstacles :
une rivière peuplée de monstres gluants,
de noires montagnes, des labyrinthes infranchissables,
une jungle profonde d’où personne n’est jamais revenu !

Dans cet album-ci, on fait face à des orties bien fraîches,
des ronces tranchantes et quelques guêpes agitées.

D'habitude, dans un album de compète,
il y a une sorcière à berner, un dragon à défier, un ogre à assommer,
ou un affreux méchant à terrasser !

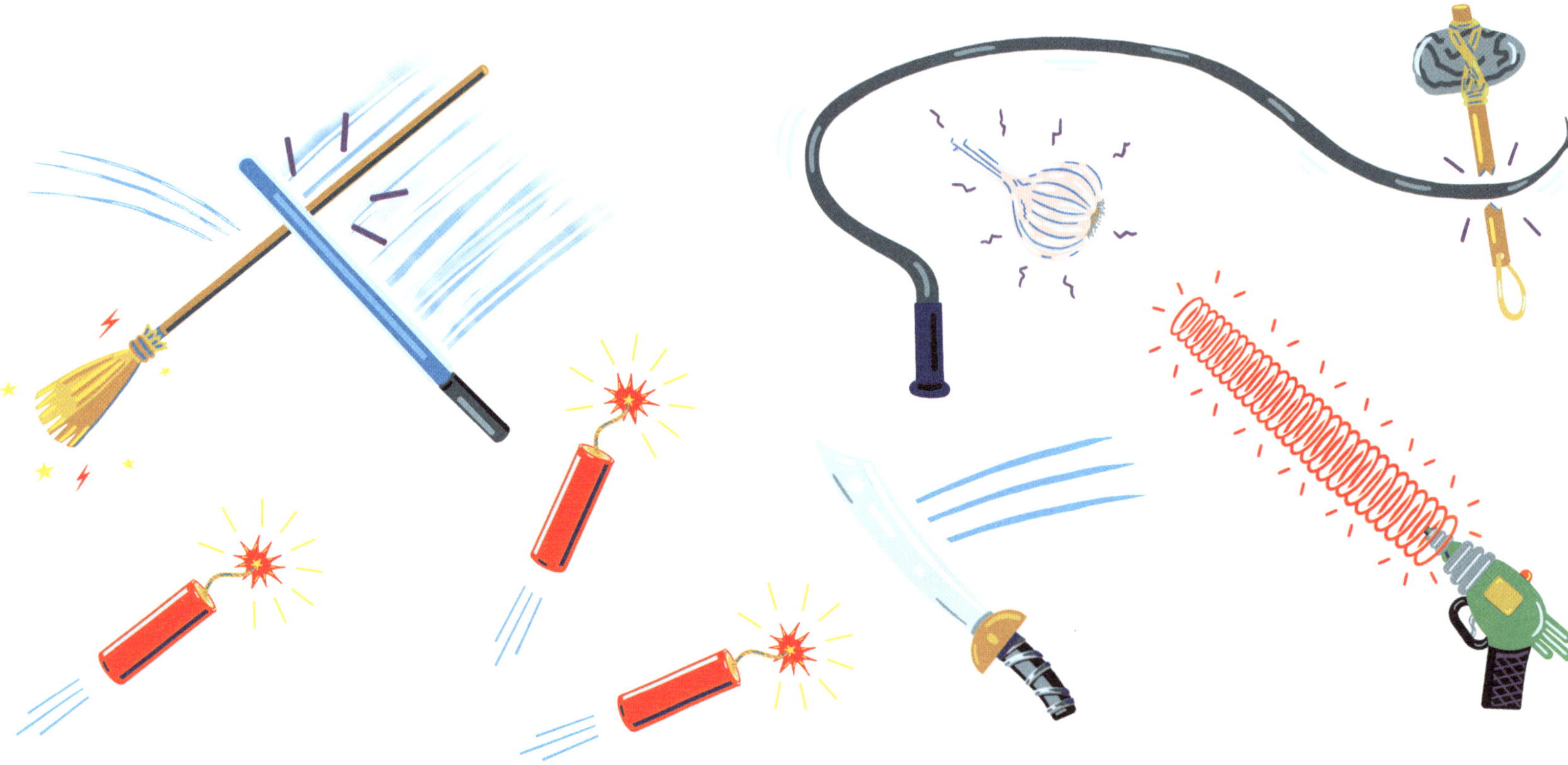

Il y a aussi un grand combat avec des coups d'épée,
des coups de hache, des boucliers qui se brisent
et des armures enfoncées !

Z

D’habitude, à la fin d’un album de compète,
le héros triomphant écrase sa victime
et savoure sa victoire en riant.

Puis, n'ayant plus rien à faire, il s'ennuie à mourir...

Alors que dans cet album-ci,
nos quatre héros repartent toujours…

vers de nouvelles aventures !